29

供电企业生产技能人员标准化作业培训教材

输电线路验收

福建省电力有限公司 组编

输变电

中国电力出版社
CHINA ELECTRIC POWER PRESS

内 容 提 要

本册书是按照《供电企业生产技能人员标准化作业培训教材》体系的要求，结合生产实际编写而成。本册书主要介绍35kV及以上架空线路验收工作程序及相关安全注意事项等，通过对工艺流程及作业案例的介绍，使读者熟悉和掌握作业前的准备工作、作业中的危险点预控、工艺标准和质量要求等内容。

本册书作者都是长期从事电力生产一线的员工，有较为丰富的现场实际经验，所列举的案例也是实际生产过程中所发生的，具有较强的生产现场指导意义，本册书可作为供电企业从事输电线路运维与检修工作人员的培训教学用书，也可作为电力职业院校教学参考用书。

图书在版编目（CIP）数据

供电企业生产技能人员标准化作业培训教材. 输变电/福建省电力有限公司组编. —北京：中国电力出版社，2012.12

ISBN 978-7-5123-3810-4

Ⅰ. ①供…　Ⅱ. ①福…　Ⅲ. ①供电－工业企业管理－标准化管理－中国－技术培训－教材　②输电－电力系统－技术培训－教材　③变电所－电力系统－技术培训－教材　Ⅳ. ①F426.61

中国版本图书馆CIP数据核字（2012）第287838号

中国电力出版社出版、发行
（北京市东城区北京站西街19号　100005　http://www.cepp.sgcc.com.cn）
北京九天众诚印刷有限公司印刷
各地新华书店经售
*
2013年1月第一版　　2013年1月北京第一次印刷
787毫米×1092毫米　16开本　84印张　1766千字
全册定价 **232.00** 元

编 委 会

编 写 组

前言

preface

为了更好地服务“五大”体系建设，提升生产技能人员良好的“职业化”行为习惯，建立与现场标准化作业生产环境一致的培训课程体系，福建省电力有限公司以现场标准化作业指导书为蓝本，组织开展生产技能标准化作业培训教材的编写工作。为确保教材的编写质量和进度，由总工程师李功新主抓此项工作，多次召集工作协调会，定期听取编写进度汇报；人力资源部负责教材编写的组织工作，运维检修部、科技信通部和调度控制中心负责教材编写的具体工作，福建省电力有限公司和基层单位技术专家组成教材编写与审定小组，公司培训中心负责教材编写框架和编写规范的制订、编写进度跟踪及其他协调工作。

本套教材集中了福建省电力有限公司众多专家学者的智慧，采用了全新的组织架构，突出了基于现场标准化作业的培训特色。本套教材分为配电专业、输变电专业和二次专业三本书，包括 91 项现场标准化作业项目（子分册），具有很强的针对性和实用性。各项目（子分册）分为两部分：第一部分介绍了各项目的工作流程、工作质量标准与控制、危险点分析与预控、管理与记录要求、作业案例等；第二部分罗列了标准化作业指导书等标准化作业文本，并结合第一部分的作业案例说明了标准化文本的填写规范。部分项目（子分册）还在附录部分对设备等内容进行了说明。

其中，配电专业分为架空线路、配电设备、计量装置及其他设备，由福建省电力有限公司运维检修部高级工程师姚亮担任编写组长，福州电业局、厦门电业局、莆田电业局、泉州电业局、漳州电业局、龙岩电业局、三明电业局、南平电业局、宁德电业局、福清电力公司、石狮电力公司、晋江电力公司、南安电力公司、长乐电力公司等单位的专家参与编写工作。输变电专业分为开关类、线圈类和架空线路及电缆，由福建省电力有限公司运维检修部高级工程师林平担任编写组长，福建省电力科学研究院、检修分公司、福州电业局、厦门电业局、莆田电业局、泉州电业局、漳州电业局、龙岩电业局、三明电业局等单位的专家参与编写工作。二次专业分为继电保护、综合自动化、直流系统和电力通信，由福建省电力有限公司调度控制中心高级工程师宋福海、科技信通部高级工程师连纪文担任编写组长，福建省电力科学研究院、检修分公司、信息通信分公司、福州电业局、厦门电业局、莆田电业局、泉州电业局、龙岩电业局、三明电业局、南平电业局等单位的专家参与编写工作。

本册由厦门电业局严有祥担任编写组长，厦门电业局叶色亮、福州电业局王全兴、泉州电业局吴志成、三明电业局沈明松、李春等编写；福建省电力有限公司运维检修部吴虹主审，福建省电力有限公司运维检修部林力辉、漳州电业局李郭然、福建省电力有限公司检修分公司倪孟华、厦门电业局胡志猛、吴增辉、福建省电力科学研究院李强等参审。

本教材在编写、审定过程中得到了福建省电力有限公司有关单位领导和专家的大力支持和帮助，在此一并感谢。同时，也感谢中国电力出版社的大力支持。

由于编者能力所限及编写时间仓促，难免存在疏漏之处，恳请各位专家和读者提出宝贵意见。

目录

contents

第一部分

标准化作业培训

1　作业描述

根据架空送电线路施工及验收规范与现场实际作业要求，介绍35kV及以上架空线路验收前准备、验收组织、缺陷查找问题、各种数据测量校验等工作，以及验收后的缺陷管理及图片处理、验收中的危险点及预控措施。通过作业案例学习，了解验收工作管理全过程，掌握线路验收标准要求及现场缺陷查找与图片处理，熟悉验收中的危险点及质量控制措施。

2　工作流程

35kV及以上架空线路验收作业的工作流程如图1-1所示。

3　工作质量标准与控制

3.1　引用标准

GB 50233—2005　《110～500kV架空送电线路施工及验收规范》

GB 50545—2010　《110kV～750kV架空输电线路设计规范》

DL/T 475—2006　《接地装置特性参数测量导则》

DL/T 887—2004　《杆塔工频接地电阻测量》

DL/T 741—2010　《架空输电线路运行规程》

3.2　验收质量控制

3.2.1　工作质量要求

（1）按线路各元件划分要求，主要验收常规标准缺陷要在验收时全部发现，所有的缺陷均应有规范可查，对争议项、建议项应列出。

（2）验收时应按验收卡要求逐项核对确认。

（3）按规范要求拍摄线路生产信息系统要求的照片及对应缺陷的照片。

（4）线路交叉跨越距离应符合规程要求。

（5）应对铁塔周围环境进行检查，记录地锚洞未回填等问题。

3.3　验收内容与标准（见表1-1）

表1-1　验收内容与标准

验收内容	标　　准
导、地线	无断股、散股、锈蚀，弧垂在规程范围内，压接管无弯曲，对地电气距离合格，跳线合格，连接螺栓紧固
金具、绝缘子	金具符合设计要求，无以小代大现象，无锈蚀，绝缘子无损伤，电气、机械参数合格
塔身、螺栓	塔身完整无损伤锈蚀，螺栓穿向符合规程设计、防盗措施完备，附属设施齐全
基础、排水系统	基础平整、排水系统完善，出水口合理，弃土堆放符合设计要求
接地网	埋深、焊接、长度合格，接地电阻合格，引下线连接牢固
通道情况	对树竹、建筑物距离、交叉跨越距离满足最大风偏与最大弧垂要求，无外破点、无堆放易燃易爆物相关青赔、征占地手续齐全规范

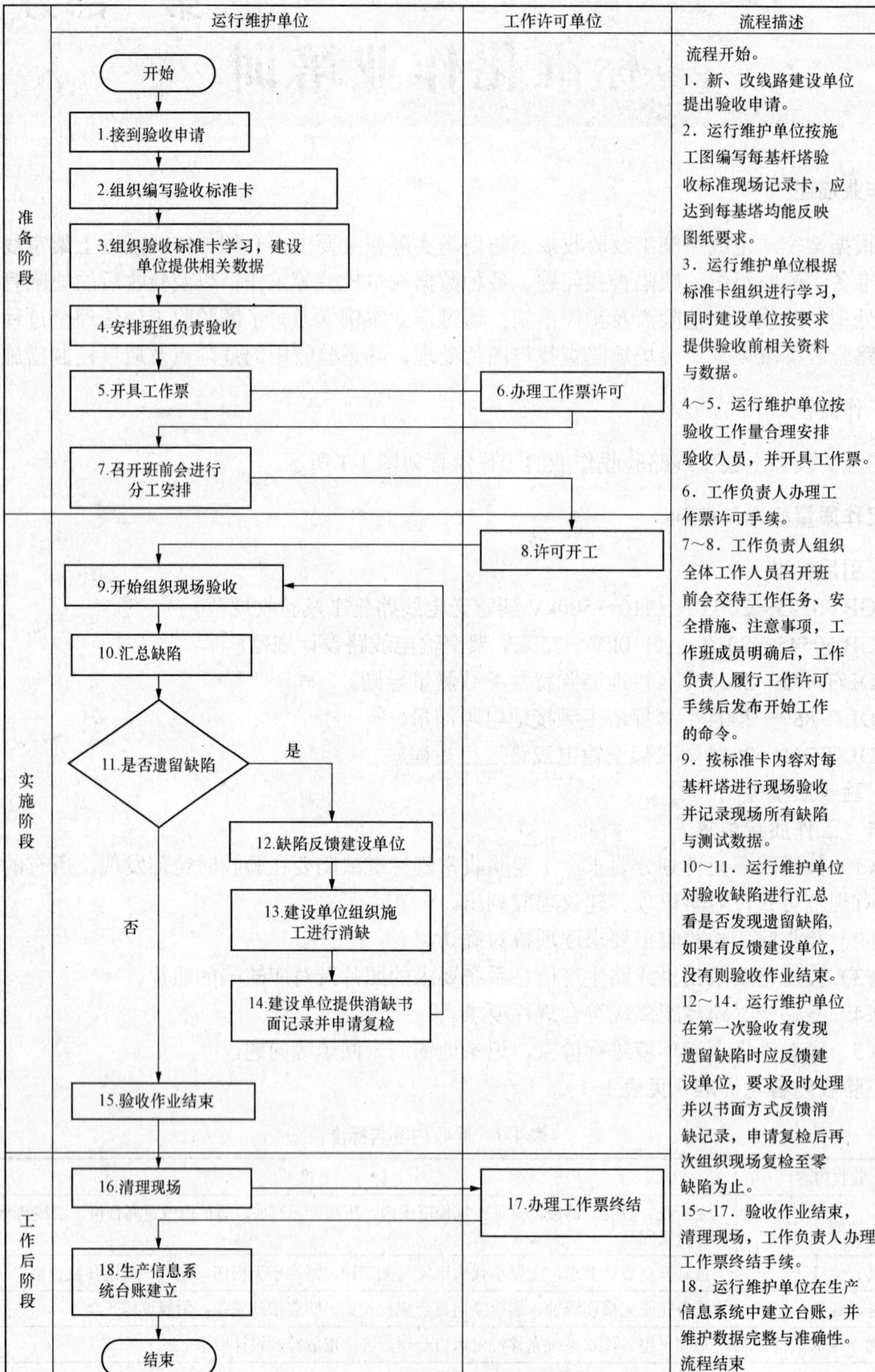

图 1-1　35kV 及以上架空线路验收作业的工作流程图

4 安全风险分析与预控

4.1 危险点 1：人身触电

事故案例

12 月 31 日上午 11:30，× × 送电工区检修一班承担处理与 330kV× × 线 10 号同杆架设的未运行的空线路，在装设接地线时，职工杨 × 被指派上 10 号塔上相横担挂接地线，上塔前，工作负责人吴 × 专门交待其一定要将接地端连接牢靠。在由地面将两根接地线同时吊上去后，杨 × 将其中一根放在一边，开始装设第一根接地线，并按照规定的程序在挂好第一根接地线后，发现接地线的接地端未连接好，擅自用手将已挂好接地线从接地端拆下，此时该线路的感应电压由接地线导线端的线夹通过杨 × 双手，腿部对横担放电，导致双手、腿部被烧伤。

防范措施

（1）同杆塔架设多回线路中部分线路停电的工作中，登杆塔和在杆塔上工作时，每基杆塔都应设专人监护。（《国家电网公司电力安全工作规程（线路部分）》第 5.3.5.4 条）

（2）作业人员登杆塔前应核对停电检修线路的识别标记和双重名称无误后，方可攀登。登杆塔至横担处时，应再次核对停电线路的识别标记与双重称号，确实无误后方可进入停电线路侧横担。（《国家电网公司电力安全工作规程（线路部分）》第 5.3.5.5 条）

（3）在杆塔上进行工作时，不准进入带电侧的横担，或在该侧横担上放置任何物件。（《国家电网公司电力安全工作规程（线路部分）》第 5.3.6 条）

（4）工作地段有邻近、平行、交叉跨越及同杆塔线路，需要接触或接近停电线路的导线工作时，应装设接地线或使用个人保安线。（《国家电网公司电力安全工作规程（线路部分）》第 3.5.1 条）

4.2 危险点 2：高空坠落

事故案例

1 月 25 日上午 10:5，× × 电力建设总公司在 × × 杆塔试验基地拆除试验塔施工中，送电工 × × 准备拆塔挂吊点时，在攀爬过程中失去安全带的保护，从铁塔上约 42m 高处坠落至地面。当时，现场施工人员立即拨打了 120 急救中心。10:20，120 急救车到达事故现场，经 120 医护人员现场检查，伤者 × × 已经死亡。

防范措施

（1）作业人员攀登杆塔、杆塔上转位及杆塔上作业时，手扶的构件应牢固，不准失去安全防护，并防止安全带从杆顶脱出或被锋利物损坏。（《国家电网公司电力安全工作规程（线路部分）》第 6.2.3 条）

（2）高处作业人员在作业过程中，应随时检查安全带是否拴牢。高处作业人员在转移作业位置时不准失去安全带防护。（《国家电网公司电力安全工作规程（线路部分）》第 7.10 条）

（3）工作负责人、专责监护人应始终在工作现场，对工作班人员的安全进行认真监护，及时纠正不安全的行为。（《国家电网公司电力安全工作规程（线路部分）》第 2.5.1 条）

4.3 危险点 3：落物伤人

事故案例

4 月 25 日，× × 公司送电三工区薛 × 带领 2 位技工和 4 位临时工在角云线 3 号塔往塔上吊送工具。薛×在地面绑好中线挂线支架和短千斤后，将一把双钩直接挂在短千斤上。当双钩吊离地面 21.5m 下横担时，双钩碰到横担，短千斤脱出，坠落至 14.5m 处碰到铁塔斜材后，反弹至 2 号脚，击中拉绳的临时工冯×安全帽后面滑落至地，造成冯×后头部刮伤的人身轻伤事故。

防范措施

（1）杆塔作业应使用工具袋，较大的工具应固定在牢固的构件上，不准随便乱放。上下传递物件应用绳索拴牢传递，禁止上下抛掷。在杆塔上作业，工作点下方应按坠落半径设围栏或其他保护措施。杆塔上无法避免垂直交叉作业时，应做好防落物伤人的措施，作业时要相互照应，密切配合。(《国家电网公司电力安全工作规程（线路部分）》第 6.2.5 条）

（2）在进行高处作业时，除有关人员外，不准他人在工作地点的下面通行或逗留，工作地点下面应有围栏或装设其他保护装置，防止落物伤人。(《国家电网公司电力安全工作规程（线路部分）》第 7.13 条）

5 管理与记录要求

5.1 缺陷管理

（1）所有缺陷均要描述准确，均要有照片，要有缺陷依据。

（2）每基杆塔验收均要有责任人签字负责，所列缺陷应明确发现人员，缺陷的汇总每天应完成，并有处理要求。

（3）所有缺陷的消除应有书面签字。

（4）对于未处缺陷问题应列出争议项与建议项，并有相关依据。

（5）对典型缺陷每天应出具缺陷反馈报告。

5.2 图片管理

（1）每天缺陷照片应于当天处理完成，所有的缺陷照片应由发现人员负责编辑。

（2）所有照片均应能够反映缺陷情况与编辑特征。

（3）生产信息系统系统用台账照片应齐全并符合规范要求，能够反映现场设备情况。

（4）对多组配合工作所有的照片应由各小组负责收集全后，再汇总至验收负责人处，同时上报部门。

（5）对一张照片无法反映缺陷情况者要从多角度，多方位拍摄。

（6）对于典型缺陷照片应提出列入每天缺陷反馈报告中。

5.3 生产信息系统系统台账数据管理

在线路开始验收时应建立台账，线路投运后应完善台账数据，在投运后一个月内应完善相关图纸的扫描与附件上传工作。

6 作业案例

××月 220kV××线、××线验收为例。

（1）根据施工图纸及线路施工中的设计变更，编制验收标准作业现场记录卡，每基杆塔编制一份，所编制现场记录卡应能够反映图纸对本杆塔的设计要求与验收中应注意事项，详见附录 A。

（2）接到线路验收的申请后，组织相关验收人员学习验收标准卡，主要学习此条线路验收中的特殊及关键点，同时联系建设单位要求按送电线路报验表（附录B）提供验收前相关照片资料与数据，以及线路验收分工表，以能够有效组织验收。

（3）因该条新建线路已形成电气连接，故开具线路第一种工作票。验收前一日与建设单位联系，要求每位验收人员应配置至少一名技工，并根据验收情况配置若干辅助工，配合做好杆塔金具螺栓的紧固、每基杆塔接地电阻的测量及部分杆塔弧垂、塔偏、交叉跨越的抽测。

（4）每日的验收前均召开班前会，进行人员、车辆分工，对验收中的危险点进行分析，再次交待验收中注意事项与关键点。

（5）按照验收标准流程进行现场验收工作。

（6）每日验收结束后，汇总当日验收的所有缺陷及相关已编辑好的照片，重要紧急缺陷应在缺陷记录表中特别标明，同时将重要、普遍缺陷编辑成当日验收情况汇报，交由验收总负责人及部门审核后，联系反馈给建设单位。

（7）在接到建设单位验收缺陷消除反馈后组织人员进行复检，复检流程应从流程8起。每基杆塔的复检人员与初验收均不同，同时复检人员应携带附录A与附录D的相应部分进行复验，保证每基杆塔验收无缺陷遗漏。

（8）根据实际情况，重复9～11的流程，直至线路零缺陷，汇报相关调度该线路具备送电条件。

（9）作业小结。

1）召开班后会。

2）将本次作业进行评估。

3）收集验收中普遍存在的及典型缺陷，供下次验收学习参考。

4）将班前会和班后会录音上传至录音系统，并做好登记。

思考与练习

1．请描述验收的项目及主要注意事项。

2．输电线路验收应携带哪些工器具？

第二部分
标准化作业文本

1　标准化作业指导书

220kV××、××线验收作业指导书

编写：________________ ________年______月______日

审核：________________ ________年______月______日

批准：________________ ________年______月______日

工作负责人：

作业日期：　　年　　月　　日　　时至　　年　　月　　日　　时

××××公司

1 范围

本作业指导书适用220kV××线路新建投产及大修技改项目的竣工验收。

2 引用文件

GB 50233—2005 《110～500kV架空送电线路施工及验收规范》
GB 50545—2010 《110kV～750kV架空输电线路设计规范》
国家电网生〔2003〕387号 《架空输电线路管理规范》
国家电网生〔2004〕503号 《国家电网公司现场标准化作业指导书编制导则（试行）》
国家电网科〔2008〕49号 《输变电设备状态检修试验规程》等七项公司技术标准

3 作业前准备

3.1 准备工作安排

√	序号	内容	标准	责任人	备注
	1	开工前明确工作任务，根据需要进行现场勘察	工作任务明确，了解现场实际情况		
	2	编制线路竣工验收说明，组织验收人员学习验收工作要求，熟悉设计施工图纸及相关图纸，验收记录卡填报要求。如有疑问，应在验收预备会上及时提出，予以解决	1．验收人员明确本小组工作任务、要求。 2．验收人员熟悉图纸内容，了解现场设备的组装方式、规格型号。 3．验收人员明确记录卡要求填写的设备参数、工艺标准。 4．验收人员熟悉验收作业中的危险点、安全措施及注意事项		
	3	填写电力线路工作票，并经工区值班员或调度部门的许可	形成电气连接的新建线路，需填写电力线路第一种工作票，并经调度许可；大修技改工程，需填写电力线路第一或第二种工作票，并经调度部门电话或书面许可		
	4	工器具准备，车辆、人员安排，验收时间、地点确定	1．工器具配备齐全、合格。 2．车辆及人员安排充足、合理。 3．验收时间、集中地点远近适应验收工作需要		
	5	其他需与施工单位联系协调的工作			

3.2 人员要求

√	序号	内容	责任人	备注
	1	作业前身体健康、精神状态良好		
	2	熟悉《电力安全工作规程》，并经年度《电力安全工作规程》考试合格		
	3	验收人员应有一定线路工作经验、熟悉《110kV～500kV架空电力线路施工及验收规范》		
	4	掌握线路验收及检验方法，检测工器具的使用方法		

3.3 设备了解

√	序号	准备内容及要求	备 注
	1	了解作业设备的名称、编号、位置及邻近设备情况	
	2	了解作业时的停电范围及邻近设备运行状态	
	3	了解作业杆塔型式及所处地形、地貌	
	4	了解各杆塔水平（耐张塔）、垂直（直线塔）档距大小	
	5	了解交叉跨越情况	
	6	了解当天天气状况	

3.4 工器具准备

√	序号	名 称	型号/规格	单位	数量	备 注
	1	双控安全带	背带式	根	每人一根	
	2	安全帽		顶	每人一顶	
	3	通信工具		部	每人一部	对讲机或其他通信工具（必须保证通信畅通）
	4	绝缘电阻表		台	每人一台	
	5	钢卷尺	5m	把	每人一把	
	6	望远镜		部	每人一部	
	7	扳手	8in、10in	把	每人两把	
	8	钢丝钳		把	每人一把	
	9	接地电阻测试仪	ZC-8 或 GEOX	台	每组一台	
	10	经纬仪（或全站仪）、塔尺		台	每组一台	
	11	测高仪（或测高杆）		台（根）	每组一台	
	12	可调扭矩扳手		套	每组一套	
	13	软梯		副	根据需要配置	
	14	耐张串专用出线工具		副	每组一副	

3.5 材料准备

√	序号	名 称	型 号	单位	数量	备 注
	1	验收说明、杆塔明细表及相关图纸		份	根据验收需要	
	2	验收记录卡		份	根据验收需要	

3.6 危险点分析及预控措施

√	序号	危 险 点
	1	攀登杆塔时由于脚钉松动或没有抓稳踏牢，会发生高空坠落
	2	杆上作业时，安全带没有系在牢固构件上或没有系好安全带易发生高空坠落

表（续）

√	序号	危　险　点
	3	误登带电线路，造成人身触电
	4	工作线路与多回邻近带电线路平行走向，因感应电压的存在，易发生人身触电
	5	杆下作业人员或监护人员未戴安全帽，可能因高空坠物造成人身伤害
	6	使用有金属丝的皮尺、线尺进行交叉跨越测量时，可能碰及低压电力线路，造成触电事故
	7	下绝缘子串时，使用的软梯可能因为突然受力松脱、断裂，造成高空坠落

3.7 安全措施及注意事项

√	序号	内　　容
	1	工作人员在上下塔时要精力集中、稳上稳下
	2	杆上工作时工作人员必须将安全带系在塔身牢固的构件上，并且检查安全带扣环是否扣牢
	3	开工前工作负责人要向全体作业人员认真宣读工作票，明确工作线路名称、杆号、左右线
	4	工作线路与多回邻近带电线路平行走向，或工作线路跨越、下穿高压输电线路，可能存在感应电压时，应加挂接地线
	5	杆下作业人员或监护人员必须配戴安全帽，并避免站在杆上人员正下方
	6	严禁使用带有金属丝的皮尺、线尺进行交叉跨越的测量
	7	下绝缘子串前作业人员对所使用的软梯或专用出线工具进行检查是否完好，绑扎是否牢靠
	8	在工作中使用的工具、材料必须用绳索传递，不得抛扔
	9	要求施工方对挂设的接地线有专人看护，防止接地线在工作过程中脱落或被误拆除

3.8 作业分工

√	序号	作　业　内　容	小组负责人	小组成员
	1	1号～3号塔验收	李××	
	2	4号～6号塔验收	王××	
	3	7号～12号塔验收	陈××	

4 作业程序

4.1 开工

√	序号	内　　容	作业人员签字
	1	接到工作许可命令，办理许可手续	
	2	工作负责人组织人员学习工作票和危险点，落实危险点控制措施，工作负责人对工作班成员进行提问，工作班成员确认知晓签名	
	3	对携带的工器具进行清点，检查是否齐全、正确	
	4	进入工作现场，检查工作线路两端及加挂的接地线、临时地线是否牢靠，并通知各小组负责人	
	5	各小组负责人，通知本小组成员开始验收工作	

4.2 作业内容及标准

√	序号	作业内容	作业工序及标准	安全措施及注意事项	责任人签字
	1	检查杆塔基础	1．基础根开的距离偏差数据测量。 2．基础顶面的高差数据测量。 3．基础立柱断面尺寸是否合格。 4．整基基础的中心位移及扭转。 5．基础排水系统是否足够，出水口是否合理。 6．回填土是否夯实，是否有防沉层	1．排水系统是否按要求规格施工，出水口是否合理，未冲刷陡坡。 2．基础数据测量进行抽查。 3．回填土应夯实，若存在疑问应开挖检查	
	2	检查杆塔和拉线	1．杆塔倾斜率测量。 2．各部件规格及组装质量是否合格。 3．铁塔保护帽浇注情况。 4．螺栓穿向与紧固是否合格	1．攀登杆塔时注意稳上稳下。 2．使用合格的安全带，安全带要系在铁塔的牢固构件上，转移位置时，不得失去安全带的保护。 3．出线作业人员要应使用双控安全带。 4．在工作中使用的工具、材料必须用绳索传递，不得抛扔。 5．工作人员必须正确佩戴好安全帽	
	3	检查导线、避雷线	1．导地线弧垂测量。 2．引流板连接质量、跳线对杆塔各部位的电气间隙。 3．导地线接续管位置及数量，压接工艺是否合格。 4．导、地线是否有损伤或锈蚀。 5．导线对地和跨越物的交叉跨越距离	1．出线检查前应检查金具连接情况。 2．有接触导、地线作业应使用个人保安地线。 3．对跨越电力线路距离带电测量时应使用仪器或绝缘工具，不得用线尺等非绝缘工具直接测量。 4．合成绝缘子进出时应使用专用工具，不得踩踏绝缘子。 5．压接管不得弯曲，设计要求不得有压接管档内不得压接。 6．各类管距离耐张线夹15m、距悬垂线夹5m及以上	
	4	检查绝缘子、金具	1．绝缘子不得有裂纹、钢脚不得弯曲变形。 2．盘式绝缘子绝缘电阻测量不得小于500MΩ。 3.合成绝缘子伞裙不得有裂纹与损伤。 4．悬垂绝缘子串倾斜、绝缘子清洁情况。 5．金具的规格是否满足，安装、连接质量合格，螺栓、穿钉及开口销的穿入方向统一。 6．防振装置的安装位置、数量及方向合格		
	5	检查接地装置	1．实测接地电阻值。 2．接地引线与杆塔连接情况。 3．接地网埋深是否合格，焊接是否达到要求，敷设长度是否足够	1．接地电阻测量时应先将接地网与杆塔连接断开。 2．所用仪器应合格；并由熟悉仪器使用与性能的人员负责测量	

表（续）

√	序号	作业内容	作业工序及标准	安全措施及注意事项	责任人签字
	6	检查线路通道	检查线路通道情况，不得有超高树木，不得有爆破点，不应堆放易燃、易爆物品	对距离无法确认点应进行测量，对易燃、易爆物品应进行搬迁	
	7	竣工资料验收	竣工图纸、施工记录、各种材料合格证与技术参数、各类协议等	除验收前应移交资料外，其他竣工资料应在投运后一个月内提供	

4.3 竣工

√	序号	内　　容	负责人签字
	1	工作负责人抽查验收质量	
	2	办理工作终结手续	

5 验收总结

序号	验　收　总　结	
1	验收评价	
2	存在问题及处理意见	

6 指导书执行情况评估

评估内容	符合性	优		可操作项	
		良		不可操作项	
	可操作性	优		修改项	
		良		遗漏项	
存在问题					
改进意见					

2 安全质量控制卡

编号：××××××××

班组作业安全质量控制卡

作业名称：××kV××线验收

工作负责人编制：　　　　　　批准：

作业性质：停电　计划时间：　年　月　日　时　分至　年　月　日　时　分

1 作业前

1.1 内业准备

序号	类 别	规 格	单位	数量	确认
1．工器具					
1.1	个人工具	停电作业物品—个人工具	套	6	
1.2	标配工器具	标配工器具	套	3	
1.3	专用工器具	停电作业物品—专用工器具			
2．材料					
2.1	个人备品	停电作业物品—个人备品			
2.2	专用材料	停电作业物品—专用材料			
3．作业文件					
3.1	工作票编号				
3.2	现场勘察单	□已勘察　□无需勘察			
3.2	检修记录卡				
4.录音笔					
5.实际综合人日		技工		民工	

1.2 出工准备

序号	名 称	确认
1	任务分工（见附表：输电线路现场作业任务分工表）	
2	出工三检查（检查作业人员着装、劳动防护用品和精神状态）	

2 作业中

2.1 班前会

2.1.1 危险点分析及安全控制措施交底

序号	危险点分析	安全控制措施	确认
1	误登杆塔	1．设专人监护。 2．登塔前必须仔细核对线路双重命名、杆塔号，确认无误后方可上塔。 3．现场作业人员配戴停电验收线路的识别标志卡	

表（续）

序号	危险点分析	安全控制措施	确认
2	触电、感应电伤害	1．开工前必须办理线路第一种工作票。 2．采用合格验电器进行验电并在工作地段两端挂接地线，未接到工作负责人通知，不得上塔作业。 3．接地线拆除后，严禁所有人员上塔。 4．凡是有进入导线作业的人员必须使用个人保安线。 5．使用有金属丝的皮尺、线尺进行交叉跨越测量，可能碰及低压电力线路，造成触电事故	
3	高空坠落	1．确认杆塔的本体及其基础、拉线和脚钉（爬梯）的稳固情况以及脚扣、爬梯等登高工具、设施是否完整可靠。手脚应抓稳踏牢。杆塔有防坠装置的，应使用防坠装置。 2．高空作业人员应正确使用背带式双控安全带，安全带和保护绳应分挂在杆塔不同部位的牢固构件上，并防止被锋利物损坏。攀登杆塔、杆塔上移位时，双手不得持带工具物品等，作业时不得失去安全防护。 3．下绝缘子串时，使用的软梯可能因为突然受力松脱、断裂，造成高空坠落	
4	坠物伤人	1．作业人员必须正确配戴安全帽。 2．使用工具袋，较大工具等应固定牢靠，传递物件应使用绳索，禁止抛掷。工作点下方禁止人员通行或逗留，避免垂直交叉作业，无法避免时，应做好防坠物措施。 3．杆塔上作业人员要防止掉东西，使用的工器具、小材料应装在工具袋里。 4．传递物品所用绳索应完好无断股、灯笼	

2.1.2 安全措施确认

我已知晓上述工作内容、地点、计划时间、人员分工、危险因素及防范措施，精神状态良好。 确认签字：

2.2 作业工序

2.2.1 作业组关键工序安全质量控制

√	序号	作业内容	作业工序及标准	安全措施及注意事项	责任人签字
	1	检查杆塔基础	1．基础根开的距离偏差数据测量。 2．基础顶面的高差数据测量。 3．基础立柱断面尺寸是否合格。 4．整基基础的中心位移及扭转。 5．基础排水系统是否足够，出水口是否合理。 6．回填土是否夯实，是否有防沉层	1．排水系统是否按要求规格施工，出水口是否合理，未冲刷陡坡。 2．基础数据测量进行抽查。 3．回填土应夯实，若存在疑问应开挖检查	
	2	检查杆塔和拉线	1．杆塔倾斜率测量。 2．各部件规格及组装质量是否合格。 3．铁塔保护帽浇注情况。 4．螺栓穿向与紧固是否合格	1．攀登杆塔时注意稳上稳下。 2．使用合格的安全带，安全带要系在铁塔的牢固构件上，转移位置时，不得失去安全带的保护。 3．出线作业人员要应使用双控安全带。 4．在工作中使用的工具、材料必须用绳索传递，不得抛扔。 5．工作人员必须正确配戴好安全帽	

表（续）

√	序号	作业内容	作业工序及标准	安全措施及注意事项	责任人签字
	3	检查导线、避雷线	1．导地线弧垂测量。 2．引流板连接质量、跳线对杆塔各部位的电气间隙。 3．导地线接续管位置及数量，压接工艺是否合格。 4．导、地线是否有损伤或锈蚀。 5．导线对地和跨越物的交叉跨越距离	1．出线检查前应检查金具连接情况。 2．有接触导、地线作业应使用个人保安地线。 3．对跨越电力线路距离测量时应使用仪器或绝缘工具，不得用线尺等非绝缘工具直接测量。 4．压接管不得弯曲，设计要求不得有压接管档内不得压接。 5．各类管距离耐张线夹 15m、距悬垂线夹 5m 及以上	
	4	检查绝缘子、金具	1．绝缘子不得有裂纹、钢脚不得弯曲变形。 2．盘式绝缘子绝缘电阻测量不得小于 500MΩ。 3．合成绝缘子伞裙不得有裂纹与损伤。 4．悬垂绝缘子串倾斜、绝缘子清洁情况。 5．金具的规格是否满足，安装、连接质量合格，螺栓、穿钉及开口销的穿入方向统一。 6．防振装置的安装位置、数量及方向合格	1．合成绝缘子进出时应使用专用工具，不得踩踏绝缘子。 2．出线检查前应检查金具连接情况	
	5	检查接地装置	1．实测接地电阻值。 2．接地引线与杆塔连接情况。 3．接地网埋深是否合格，焊接是否达到要求，敷设长度是否足够	1．接地电阻测量时应先将接地网与杆塔连接断开。 2．所用仪器应合格，并，由熟悉仪器使用与性能的人员负责测量	
	6	检查线路通道	检查线路通道情况，不得有超高树木，不得有爆破点，不应堆放易燃、易爆物品	对距离无法确认点应进行测量，对易燃、易爆物品应进行搬迁	
	7	竣工资料验收	竣工图纸、施工记录、各种材料合格证与技术参数、各类协议等	除验收前应移交资料外，其他竣工资料应在投运后一个月内提供	

2.2.2 工作监护

<table>
<tr><td colspan="5">专人监护</td><td colspan="2">是□　　　　　否□</td></tr>
<tr><td colspan="5">杆号</td><td>监护人</td><td>登杆人</td></tr>
<tr><td></td><td></td><td></td><td></td><td></td><td></td><td></td></tr>
<tr><td></td><td></td><td></td><td></td><td></td><td></td><td></td></tr>
</table>

注　作业工序内容可按检修杆塔数量增加页数。

3　作业后

3.1　内业工作

序号	流　程	要　　求	确认
1	班后会	工作总结、评价及相应措施	
2	生产信息系统流程推进	作业管理相关内容填写、上传完整，发现、处理缺陷录入	
3	录音上传	工作许可、安全措施交待录音	
4	作业文件归档	工作票、检修报表检查并归档	

3.2　作业评价

评价情况：经检查，本控制卡：□ 合格 / □ 不合格，存在____问题，已向________________指出。

检查人：________________

_____年____月____日

3　电力线路第一种工作票

×××电业局（供电公司）

电力线路第一种工作票

单位：　××××　　编号：　××××

1．部门：　××××　　工作班组：　××××　　工作负责人：　×××

2．工作班人员：甲，乙，丙，丁；辅助工

共　××　人

3．工作线路名称（多回线路应注明双重称号）：220kV××线、××线线路

4．工作任务：

工作地点或地段（注明分、支路名称，线路的起止杆号）	工　作　内　容
220kV××线、××线1号～93号塔	线路验收

5．计划工作时间：自××年×月×日×时×分至××年×月×日×时×分

6．安全措施（必要时可附页绘图说明）：

应转为检修状态的线路间隔名称	××变电站220kV××线×××间隔
	××××厂220kV××线×××间隔
	××变电站220kV××线×××间隔
	××变电站220kV××线×××间隔
应断开线路上的断路器、隔离开关、跌落式熔断器（名称和编号）	
线路上应挂的操作接地线（应写明线路电压等级、名称、杆号和具体挂设的部位	
配合停电的线路	
其他安全措施和注意事项	

保留或邻近的带电线路、设备：

工作班组应挂设的接地线：　　共有　×　组

线路电压等级、名称和杆号（注明方向）	接地线编号		执行人	
	高压	低压	装设	拆除
220kV××线线路1号塔小号侧	号			
220kV××线线路93号杆大号侧	号			
220kV××线线路1号塔小号侧	号			
220kV××线线路93号杆大号侧	号			

工作票签发人（施工单位）：林×××　×××年×月×日×时×分

工作票签发人（运行单位）：李×××　×××年×月×日×时×分

工作负责人：××××

7．确认本工作票1～6项。许可工作：

许可方式	许可工作的时间	许可人（含非本单位配合停电许可）	工作负责人
电话下达	××××年××月××日××时××分	××××	××××
	年　月　日　时　分		
	年　月　日　时　分		

8．工作负责人现场补充安全措施（针对防止倒杆、高处坠落、物体打击等的现场安全措施）：

____

____

____

____

____

____

9．工作票延期，有效期延长到：_____年___月___日____时____分

延期原因：______________________________

工作负责人签名：____________　值班调度员签名：_____________

10．工作人员变动：

增添人员姓名	日	时	分	工作负责人签名	离去人员姓名	日	时	分	工作负责人签名

工作负责人变动：原工作负责人__________离去，变更___________为工作负责人。

变动时间：___年__月__日__时__分，并已通知工作许可人____。工作票签发人：_____

11．工作终结报告：

全部工作结束，工作班人员已全部撤离，现场已清理完毕，所挂接地线共_____组已经拆除。

终结报告的方式	终结报告的时间	许可人 （含配合停电许可）	工作负责人
	年　月　日　时　分		
	年　月　日　时　分		
	年　月　日　时　分		

12．备注：

（1）指定专责监护人：____________负责监护（人员、地点及具体工作）：_________

（2）监督负责人：___________

（3）其他事项：____

13．交任务、交安全措施确认：我对工作负责人布置的工作任务及安全措施已明白无误，所做安全措施已能确保我的工作安全。

工作班人员签名：____

____

____

14．评价情况：

经检查本票为______票，存在____

______________________________________问题，已向________指出。

检查人：__________________

_____年____月____日

附 录 A

220kV××线现场验收标准记录卡

线路名称：220kV××线171号、××线147号（杆号牌）　施工杆号：2号　杆型：2SZG232C

<table>
<tr><th colspan="2">验收项目</th><th colspan="12">验 收 标 准</th><th>验收缺陷</th></tr>
<tr><td rowspan="3">导地线</td><td>本体</td><td colspan="12">1．左侧为××线，相序上V中U下W，采用瓷绝缘子（包括跳线串），右侧为××线，相序上V中W下U，采用玻璃绝缘子（包括跳线串）。全线导线采用LGJ×－300/25，线路左侧为JLB30-150避雷线，右侧为OPGW光缆。
2．导地线是否有磨损、打扭、散股、见光、断股、金钩、毛刺。
3．直线塔采用预绞式悬垂线夹；检查安装工艺及是否有缺股。
4．除并沟线夹及使用预绞丝护线条外，各种铝质绞线与金具连接均应在铝股外缠绕铝包带，其缠绕方向应与外层铝股绞制方向一致，铝包带应露出线夹但不超过10mm，其端头应回缠绕于线夹内压住。安装预绞丝中心线应与线夹中心重合。
5．光缆引下线夹具的安装应保证光缆顺直、圆滑，不得有硬弯、折角。
6．良导体地线在距悬垂线夹出口300～500mm处安装并沟线夹，使引流线与地线横担相连</td><td></td></tr>
<tr><td>弧垂</td><td colspan="12">220kV线路同相的子导线间距为500mm；各相间的弧垂相对偏差不得超过300mm，导地线弧垂与设计值的偏差值应在±2.5%之内</td><td></td></tr>
<tr><td>连接器</td><td colspan="12">1．导线及避雷线的连接部分不得有线股绞制不良、断股、缺股等缺陷，连接后管口附近不得有明显的松股现象。
2．液压管（接续管、补修管等）无飞边、毛刺且应平直，弯曲度不得大于2%，有明显弯曲时应校直，管体无穿孔、裂缝，管口外线材无明显烧伤、断股；并沟线夹螺栓应紧固，并使用弹簧垫片且应压平。
3．在一个档距内每根导线或避雷线上只允许有一个接续管和三个补修管，当张力放线时不应该超过两个补修管。
4．接续管或补修管与悬垂线夹的距离不应小于5m</td><td></td></tr>
<tr><td rowspan="7">附件</td><td>绝缘子</td><td colspan="12">1．检查瓷或玻璃绝缘子无破裂、脏污；浇装水泥无裂纹、气泡，钢脚无松动、偏斜。
2．悬垂串其顺线路方向与垂直位置的位移不应超过5°，且最大偏移值不应超过200mm。
3．瓷质绝缘子的绝缘电阻应大于500MΩ的要求，绝缘子表面应擦拭干净。
4．2号塔××线（××线）采用双联悬垂绝缘子2×14片U100BP/146+2×1片U100B/146玻璃绝缘子（2×14片U100BP/146D+2×1片U100B/146瓷绝缘子）</td><td></td></tr>
<tr><td>防振锤</td><td colspan="12">1．检查防振锤是否紧固、有无移位、是否锈蚀损坏。
2．安装距离距离偏差不应大于±30mm。
3．所缠铝包带需露出夹口，但不应超过10mm，其端头应回夹于线夹内压住。
4．2号塔大小号侧每根导线各1个FR-3防振锤，安装距离为1.247m；JLB30-150型地线大小号侧各1个FR-2防振锤，安装距离为0.8859m；OPGW光缆小号侧1个、大号侧2个防振锤，安装距离：第一个防振锤用护线条出口与悬垂预绞丝出口距离80mm，其余每隔580mm安装一个</td><td></td></tr>
<tr><td>金具</td><td colspan="12">1．检查金具的紧固、锈蚀、磨损、开裂、烧伤、代用情况。
2．所有金具必须使用带插销的螺栓，插销必须齐全、到位。
3．承力金具挂点是否用双螺帽或单螺帽加开口销。
4．绝缘子弹簧销、金具开口销合格、齐全、是否代用品、是否脱出</td><td></td></tr>
<tr><td rowspan="3">绝缘子</td><td colspan="3">型号：</td><td colspan="3">厂家：</td><td colspan="3">出厂日期：</td><td colspan="3">片数/位置：</td><td rowspan="3"></td></tr>
<tr><td colspan="3">型号：</td><td colspan="3">厂家：</td><td colspan="3">出厂日期：</td><td colspan="3">片数/位置：</td></tr>
<tr><td colspan="3">型号：</td><td colspan="3">厂家：</td><td colspan="3">出厂日期：</td><td colspan="3">片数/位置：</td></tr>
<tr><td>大号侧
防振锤</td><td colspan="4">导线每相/　　个</td><td colspan="4">地线每相/　　个</td><td colspan="4">紧固：</td><td></td></tr>
</table>

表（续）

<table>
<tr><th colspan="2">验收项目</th><th colspan="3">验 收 标 准</th><th>验收缺陷</th></tr>
<tr><td rowspan="2">附件</td><td>小号侧防振锤</td><td>导线每相/　　个</td><td>地线每相/　　个</td><td>紧固：</td><td rowspan="2"></td></tr>
<tr><td>防振锤</td><td>光缆大号侧　　个</td><td>光缆小号侧　　个</td><td>紧固：</td></tr>
<tr><td rowspan="4">杆塔</td><td>铁件</td><td colspan="3">1．检查塔材是否锈蚀、损坏、丢失、弯曲，代用。
2．检查塔脚板与基础立柱的接触面是否紧密，有空隙应垫铁片并浇筑水泥砂浆，地脚螺栓是否使用双螺母。
3．检查包铁或连板与角钢的接触面是否紧密。
4．铁塔身部主材的联接均应采用包角钢连接，不得采用钢板相连方式；在同一横断面上主材采用焊接连接的不得超过 2 处</td><td></td></tr>
<tr><td>螺栓</td><td colspan="3">1．铁塔从最短腿地面（即与横担距离最近的塔腿）算起 10m 以下全部采用双帽止退型防盗螺栓和防盗脚钉（除接地螺栓外），整塔是否有防松措施。
2．螺栓穿向是否正确，水平方向由内向外，垂直方向由下向上，斜向者由斜下向斜上穿。
3．检查铁塔螺栓是否紧固，M12：4000N·cm；M16：8000N·cm；M20：10000N·cm；M24：25000N·cm。
4．抽查率：直线塔≥30%，耐张塔及重要跨越塔 100%，抽查塔脚板与主材、主材与主材、主材与横担、主材与侧面大斜材连接处螺栓各≥5 个；螺母拧紧后，无论单双螺母，螺杆应露出 2 个及以上螺距。
5．地线两横担挂点各 20 个螺杆需装双帽，上导线两横担挂点各 16 个螺杆需装双帽，中导线两横担挂点各 16 个螺杆需装双帽，下导线两横担挂点各 14 个螺杆需装双帽</td><td></td></tr>
<tr><td>杆塔身</td><td colspan="3">1．检查杆塔是否倾斜、挠曲、迈步，根开有否偏差。
2．铁塔组立后，各相邻节点间主材弯曲不得超过 1/750</td><td></td></tr>
<tr><td>标志</td><td colspan="3">检查线路名称、杆号、相序、警告标志等是否完整</td><td></td></tr>
<tr><td>基础</td><td>技术要求</td><td colspan="3">1．检查基础是否有裂纹，麻面，蜂窝，露筋，损伤。
2．检查基面是否平整，基础是否稳固，边坡倾角是否满足要求，边坡上是否有浮石，塔位下边坡无施工弃土。
3．基坑应采用回填土夯实，并有 300mm 的防沉层；基面平整、无积水，基面散水坡度大于 5%。
4．排水沟是否满足要求，排水应通畅无积水，且出口不得是在虚土、易塌方及水土易流失处。
5．基础保护帽表面平整美观，观感好，尺寸规格、混凝土配合比应满足设计要求；保护帽顶面应有一定斜度，防止长期积水。
6．A 腿上方修Ⅱ型排水沟，沿两边排出，长度 10m，Ⅱ型排水沟底宽 500mm，上宽 700mm，高 500mm</td><td></td></tr>
<tr><td rowspan="3">接地</td><td>技术要求</td><td colspan="3">1．接地型式 8×60-52。
2．接地线埋深 600mm，接地引下线在地面上下 300mm 处须有防腐措施，接地引下线直径应为 12mm，接地线直径应为 10mm，接地引下线应顺直、服贴、并留有适当的裕度便于拆装。
3．接地沟要夯实，并有 100～300mm 的防沉层。
4．接地装置焊接工艺符合要求，圆钢的搭接长度应为其直径的 6 倍，并应双面施焊；扁钢的搭接长度应为其宽度的 2 倍，并四面施焊</td><td></td></tr>
<tr><td>设计电阻值　10Ω</td><td>实测电阻值　Ω</td><td>引下线直径　　mm</td><td>接地体直径　　mm</td><td></td></tr>
<tr><td>接地体埋深　　cm</td><td>接地线长度　m</td><td>夯实</td><td>防沉层</td><td></td></tr>
<tr><td>线路通道</td><td>技术要求</td><td colspan="3">1．查线路通道内的树木、房屋、采石场、危险品仓库是否危及线路安全运行。线路对地、或跨越物距离应满足设计规程要求，具体要求如下，导线均为最大计算弧垂条件下。
2．导线与树木的垂直距离 220kV 应不小于最大自然生长高度+6m；导线最大风偏下与树木的最小净空距离 220kV 应不小于 7m，对于速生林在以上标准+6m。</td><td></td></tr>
</table>

表（续）

<table>
<tr><td colspan="2">验收项目</td><td>验 收 标 准</td><td>验收缺陷</td></tr>
<tr><td rowspan="4">线路通道</td><td>技术要求</td><td>3．导线与建筑物垂直距离 220kV 应不小于 6m；在导线最大风偏下，边导线与建筑物之间的水平距离 220kV 应不小于 5m。
4．导线对地距离满足规程要求。220kV 应不小于居民区：7.5m，非居民区 6.5m，交通困难区 5.5m。
5．导线对其他电力线路的距离满足要求。220kV 应不小于 4.0m。
6．导线对被跨越公路（高速、一级公路等）的安全距离满足规程要求。220kV 应不小于 8m。
7．2 号塔小号侧跨 10kV 电力线 1 次、通信线 1 次，大号侧 10kV 电力线 1 次、通信线 2 次、河流 1 次、水泥路 1 次</td><td rowspan="4"></td></tr>
<tr><td colspan="2">树木，采石场，建筑物，公路，河流，电力线路，通信线路，铁路</td></tr>
<tr><td colspan="2">跨越物名称：　　数量　　距塔　　m，垂距　　m，平距　　m，是否采用双串绝缘子</td></tr>
<tr><td colspan="2">跨越物名称：　　数量　　距塔　　m，垂距　　m，平距　　m，是否采用双串绝缘子</td></tr>
<tr><td>其他</td><td colspan="3">1．填写缺陷时，不得写大、小号侧，改为按施工杆号写明“1 号-2 号方向”或“2 号-1 号方向”，此记录卡中的大、小号侧及塔腿编号均以施工杆号方向为准。
2．采集生产信息系统台账所需线路走廊、基础、相位等照片。
3．线路走廊特殊区登记（速生林、毛竹区、污区等）及交叉跨越情况。
4．上山坡是否需增加砌筑Ⅱ型排水沟（按坡度大于 20°），排水沟出水口是否处于缓坡。
5．记录线路走廊、巡线道长度。
6．耐张、悬垂线夹连接点进行紧固检查。
7．接地埋深、接地射线长度及焊点的检查</td></tr>
<tr><td>验收人员</td><td colspan="2"></td><td>验收日期</td></tr>
</table>

附 录 B

送电新、改建线路报验表

<table>
<tr><td>工程名称</td><td colspan="5"></td></tr>
<tr><td>项目管理单位</td><td></td><td>负责联系人</td><td></td><td>电话</td><td></td></tr>
<tr><td>施工单位</td><td></td><td>负责联系人</td><td></td><td>电话</td><td></td></tr>
<tr><td>监理单位</td><td></td><td>负责联系人</td><td></td><td>电话</td><td></td></tr>
<tr><td>申请验收时间</td><td colspan="5">年 月 日至 年 月 日</td></tr>
<tr><td colspan="3">验收前应提供各项数据与资料</td><td colspan="2">数据移交人</td><td>接收情况</td></tr>
<tr><td colspan="3">1．线路三级自检情况及存在缺陷明细与报告</td><td colspan="2"></td><td></td></tr>
<tr><td colspan="3">2．线路交叉跨越测量数据、弧垂测量数据、塔偏测量数据明</td><td colspan="2"></td><td></td></tr>
<tr><td colspan="3">3．每基杆塔接地电阻测量数据明细</td><td colspan="2"></td><td></td></tr>
<tr><td colspan="3">4．所有压接管理所在位置明细</td><td colspan="2"></td><td></td></tr>
<tr><td colspan="3">5．监理单位检查报告，隐蔽工程检查情况记录与检查报告</td><td colspan="2"></td><td></td></tr>
<tr><td colspan="3">6．各种材料的厂家名称，出产合格证，技术参数等数据明细</td><td colspan="2"></td><td></td></tr>
<tr><td colspan="3">7．线路沿线通道林权、地权单位明细表</td><td colspan="2"></td><td></td></tr>
<tr><td colspan="3">8．线路验收现场排工情况表</td><td colspan="2"></td><td></td></tr>
<tr><td>验收负责联系人</td><td></td><td>电话：</td><td colspan="2">接收审核人</td><td></td></tr>
<tr><td>备注</td><td colspan="5"></td></tr>
</table>

附　录　C

220kV××线线路验收缺陷记录表

杆号	导、地线缺陷	杆塔缺陷	通道问题	基面缺陷	排水系统	接地电阻	验收人员	日期	备注
3	1. 光缆跳线外层轻微损伤 5～6 股。 2. 光缆预绞丝金具安装工艺差，尺寸有误，导致光缆第一个防振锤无法安装在内层加固条上。 3. 导线防振锤安装距离为 1.31～1.36m，大于设计要求 1.247m。 4. ××线与××线三相导线的引流线挂点采用单螺帽加防松垫片（应改为双螺帽或单帽带开口销）。 5. 3 号～4 号导线弧垂偏小，××线为−6%～−16%，××线−7%～−12%。 6. 3 号～2 号导线弧垂偏大，××线为 5%～10%，××线 3%～6%。 7. 3 号～4 号光缆弧垂偏大 7.6%，地线弧垂偏小−9.2%	1. 编号 117 角钢需防腐处理、角钢 627 需防腐处理、B 腿主材有镀锌层损伤，需防腐处理。 2. 编号 236 角钢轻微变形、编号 432 角钢变形 2 处、编号 435 角钢轻微变形、编号 107 角钢变形 1 处。 3. 编号 719 联板焊接工艺差	3 号塔左、右两侧超高树木共 60 棵	1. 基础未平整。 2. 保护帽未做。 3. B 腿接地引下线连接板变形，无法服帖，应更换。 4. 接地引下线防腐未做。 5. 地脚螺栓未防腐	1. Ⅱ型排水沟及基础排水沟出水口位于陡坡处，应改道。 2. Ⅱ型排水沟开挖深度、宽度不足	C 腿无穷大，ABD 腿 37Ω，不合格	王×	2011-8-4	巡线道 600m

思考与练习答案

1．答：（1）导、地线：无断股、散股、弧垂在规程范围内，压接管无弯曲，对地电气距离合格，跳线合格，连接螺栓紧固。

（2）金具、绝缘子：金具符合设计要求，无以小代大现象，无锈蚀，绝缘子无损伤，电气、机械参数合格。

（3）塔身、螺栓：塔身完整无损伤锈蚀，螺栓穿向符合规程设计、防盗措施完备，附属设施齐全。

（4）基础、排水系统：基础平整、排水系统完善，出水口合理，弃土堆放符合设计要求。

（5）接地网：埋深、焊接、长度合格，接地电阻合格，引下线连接牢固。

（6）通道情况：对树木、建筑物距离距足够，交叉跨越距离足够，无外破点、相关青赔、征占地手续齐全规范。

2．答：输电线路验收应携带个人用具，登高工具，柴刀，现场验收记录卡、笔，数码相机，可调扭力扳手，5m 钢卷尺，高倍望远镜，接电电阻测量仪，射线，全站仪等。